DESPÍDETE DEL DESORDEN

Los secretos para impulsar tu productividad en un entorno ordenado

Por Bénédicte Palluat de Besset

Traducido por Laura Soler Pinson

Coaching en50MINUTOS.es

DESPÍDETE DEL DESORDEN

- **¿Problemática?** ¿Cómo ordeno mis cosas y mantengo ese orden con el objetivo de mejorar mi productividad?
- **¿Utilidad?** Ordenar y clasificar permite que ahorremos tiempo en nuestras acciones diarias, pero también nos ayuda a liberar nuestra mente para dedicarnos más plenamente al trabajo.
- **¿Contexto?** Gestión del tiempo, gestión de proyecto, organización en el trabajo.
- **¿Preguntas frecuentes?**
    - ¿Es una pérdida de tiempo organizarse?
    - ¿Por qué el orden permite aumentar la productividad?
    - ¿Cuándo es un buen momento para ponerse a ello?
    - ¿Qué hago si el orden viene impuesto por un acontecimiento/factor externo?
    - ¿Cómo estructuro mis listas de tareas?
    - ¿Qué es una buena organización?
    - ¿Ordenar implica tirar?
    - ¿Cuáles son los materiales más eficaces para optimizar el orden?

Ya desde su infancia, a algunas personas les resulta imposible acostarse en una habitación que no esté perfectamente ordenada, mientras que otras viven, por el contrario, en un eterno desorden que no parece molestarles.

La capacidad para organizarse es una facultad más o menos natural; pero incluso cuando nos gusta el desorden, a menudo, en algún momento de nuestra vida, resulta indispensable estructurar nuestro espacio. En particular, en el ámbito profesional, no hay nada como un escritorio caótico para que nos parezca que estamos desbordados y que no tenemos nada bajo control. Ordenar y clasificar nos permite equilibrar nuestros espacios de trabajo y de vida, hacer una limpia para organizarnos mejor y, de esta manera, ahorrar tiempo.

Pero cuando el orden se convierte en una necesidad para uno mismo o para los demás, ¿cómo debemos proceder? ¿Cómo nos motivamos? ¿Qué metodología aplicamos? ¿Qué trucos usamos para mantener el rumbo?

EL ABECÉ DEL DESORDENADO REHABILITADO

Quizás eres de los que profesan una especie de admiración por tus compañeros organizados y estructurados. O, a lo mejor, envidias el escritorio de tu colega, impecablemente ordenado al final de cada jornada, mientras que tú no logras hacer lo mismo con el tuyo. A veces, te consuelas con el argumento de que tú no tienes tiempo para organizarte, ya que tienes demasiadas cosas importantes que hacer. ¡Error! Si nos tomamos un tiempo para pensar y estructurar nuestro espacio en función de nuestras obligaciones y de nuestras necesidades, más adelante podremos ahorrar una enorme cantidad de tiempo en nuestro día a día.

Cuando se asoma la época de las buenas resoluciones, a veces situamos el «ordenar» entre nuestras diez prioridades principales. Pero, cuando nos enfrentamos sin una metodología eficaz a la inmensidad de lo que, efectivamente, es una leonera, rápidamente nos desanimamos y terminamos por abandonar este ambicioso proyecto que, sin embargo, es constructivo.

MOTIVARSE

A veces, la motivación viene impuesta por un factor externo: la llegada de un nuevo colaborador, una ausencia prolongada de la oficina o una mudanza. Puede ser también que derive de una concienciación a nivel personal ... ¡Otra hora perdida para encontrar ese maldito expediente! ¡Esto ya es demasiado, hay que ordenar!

A los archivistas les gusta decir que un documento que no está bien clasificado es un documento perdido. En efecto, por mucha información y por muchas fuentes interesantes que tengas en tu oficina, si no puedes sacarles partido porque no sabes dónde están guardadas, no te servirán de gran ayuda. Ordenar permite elaborar un inventario y deshacerse de lo inútil. Es una ocasión formidable para despejar el lugar y volver a apropiárselo.

Redacta una lista con todo aquello a lo que nunca puedes dedicarle tiempo y/o con todos los proyectos que sueñas con llevar a cabo y que, por el momento, están pendientes. Con todo el tiempo y la energía que vas a ahorrar en no probar tres lápices antes de encontrar uno que escriba o en no abrir cuatro carpetas antes de saber dónde se halla el documento útil, vas a poder realizar un gran número de actividades nuevas.

Una vez que has ordenado tu espacio de trabajo y, por lo tanto, te lo has apropiado, probablemente te encontrarás más a gusto en él. Visto el tiempo que pasamos en nuestra oficina, ¡vale la pena que nos sintamos bien en ella!

FIJARSE OBJETIVOS REALISTAS

Así, ordenar de arriba abajo supone tener motivación y conservarla durante un tiempo. Se trata de un auténtico proyecto para el que necesitamos fijarnos objetivos realistas, de acuerdo con nuestras obligaciones y nuestras necesidades.

La primera etapa consiste en elaborar una lista de todo lo

que debemos ordenar (el despacho, la pila de papeles que dejó nuestro predecesor, el armario azul, etc.). A continuación, define prioridades para los elementos de la lista y fija una periodicidad, lo más frecuente posible, y un tiempo determinado para efectuar cada paso de esta limpieza. Por ejemplo, concédete veinte minutos cada día antes de marcharte de la oficina. Nunca pierdas de vista que no se estructuran de la misma manera un escritorio privado y un *open space* u oficina abierta, al igual que no se organiza un piso de soltero como una casa con tres niños. Las expectativas son diferentes y el nivel de exigencia no puede compararse.

MÉTODOS CONCRETOS PARA CADA ESPACIO

Ordenar el escritorio físico

Este espacio es probablemente el primero que hay que ordenar. Para empezar, y en términos generales, se puede volver a poner orden rápidamente en un despacho (puede que sea más complicado mantenerlo… ¡pero vamos a darte consejos para lograrlo!), lo que resulta muy motivador. Además, no solo se trata de un cambio espectacular, sino que, además, en seguida se nota su impacto en el día a día.

Para ello, sitúate ante tu escritorio y revisa todos los elementos que hay en él para guardarlos en su sitio.

- Tira todo lo que esté roto o no pueda utilizarse.
- Entrega el material que tengas repetido o que no utilices, o guárdalo como reserva.
- Envía o remite a los departamentos correctos los documentos que no pertenecen al tuyo informando previa-

mente al o a los destinatarios por correo electrónico de la llegada de estos papeles (fecha de llegada, volumen de documentos, motivo del envío, etc.).

- Guarda todo el material que no utilizas a diario en los cajones de tu mesa. Para ello, intenta dividir los lugares donde guardas tus cosas. Colocar cajas y/o estuches en los cajones te permitirá optimizar el espacio con inteligencia. Tus clips en una antigua caja de tarjetas de visita, tu grapadora con las grapas correspondientes (¡sí, se puede!) en un estuche, etc. Existen muchos trucos que te servirán para tener a mano lo que necesites llegado el momento.

- Para acabar, mantén a tu alcance lo que utilizas a diario. Por lo general, se trata de una cantidad de cosas bastante reducida: un portalápices y bolígrafos (¡que escriban!) y un archivador con compartimentos suelen ser suficientes para la mayoría. En ese archivador, reservaremos un compartimento para los expedientes en curso, otro para los elementos que deben ser tratados y otro para los papeles que tenemos que clasificar. En ningún caso esto puede convertirse en un cajón de sastre o en un nuevo desorden, sino en un espacio de almacenamiento temporal.

Si has efectuado correctamente tu organización, accederás a todas tus herramientas cotidianas sin moverte de la silla.

PEQUEÑO PLUS

Un escritorio ordenado y estructurado no significa un escritorio triste y austero. Se trata de convertirlo en un espacio de trabajo bien pensado y agradable. Intenta girarlo hacia la luz, no dudes en colocar una planta verde, una bonita foto o un cuadro.

Ordenar los expedientes

Cuando te enfrentas a la clasificación de tus expedientes, la idea principal es que elabores un inventario con los documentos que tienes, que los ordenes y que los organices para que puedas acceder a un elemento en menos de dos minutos.

• Para ello, tira los documentos inútiles, remite los documentos que no son de tu competencia y archiva los papeles antiguos.

ARCHIVO

Antes de empezar a ordenar tus expedientes físicos y virtuales, obtén información para saber qué departamento de tu empresa se encarga de las cuestiones relativas al archivo. En la actualidad, por la omnipresencia de la informática, a menudo es el departamento informático quien se encarga de esta área. Avísale de tu intención de clasificar tus documentos y te comunicará la política que deberás seguir para la clasificación de documentos en función de su fecha de producción.

• Para los expedientes que vas a mantener bajo tu responsabilidad o bajo la de tu departamento, es importante que adoptes una organización realista, coherente y con la que todo el mundo esté cómodo. Una clasificación temática y, luego, cronológica (el documento más reciente en lo más alto de la pila) suele ser, por lo general, bastante eficaz. De la misma manera, aplicar un color para cada tema puede facilitar las búsquedas y el orden: carpetas y fundas azules para el tema 1, carpetas y fundas rojas para el tema 2, etc. Conviene que los temas y los colores de tus expedientes físicos se correspondan con los de tus archivos informáticos. Una vez que has organizado y adjudicado un color a tus expedientes de manera inteligente, no olvides colocar etiquetas inteligibles en la parte superior y en el canto.

- Para acabar, te recomendamos que escanees sucesivamente tanto los documentos importantes como aquellos que tengas que compartir periódicamente.

PEQUEÑO PLUS

Si hay una gran cantidad de expedientes o si muchas personas tienen que estudiar los documentos que se encuentran bajo tu responsabilidad, no dudes en redactar protocolos de uso para facilitar su consulta y evitar las continuas interrupciones.

Estructurar el escritorio virtual

De la misma manera que acabas de crear carpetas de documentos físicos, también tienes que organizar las carpetas y las subcarpetas de archivos informáticos.

- Estas carpetas deben ser temáticas —de hecho, no resultaría muy adecuado clasificarlos según su formato (Excel, Word, etc.), por ejemplo— y se debe evitar una organización con un árbol de directorios demasiado extendido (no más de dos subcarpetas, ya que corres el riesgo de perder tiempo inútilmente).
- Tómate tu tiempo para pensar en un título pertinente para tus carpetas y archivos. Un título contundente es el resultado de un análisis y de una síntesis eficaces de tus documentos, de tus ideas y de tus necesidades. De nuevo, permite ahorrar un tiempo considerable cuando, más adelante, tengas que efectuar una búsqueda.

Apiádate de tu fondo de pantalla y elimina todos los iconos que le impiden ver la luz del día. Limpia el escritorio de tu ordenador seleccionando cada elemento y encontrándole un lugar adecuado: en la papelera o en una carpeta. No dejes un archivo suelto. Para las carpetas que utilizas más a menudo, crea atajos en tu escritorio, pero recuerda que este lugar no debe convertirse de ningún modo en un espacio de almacenamiento.

COPIA DE SEGURIDAD

Infórmate acerca de cómo se realizan las copias de seguridad en tu empresa y no dudes en tomar tus propias precauciones para los documentos más importantes: almacenamiento en disco duro externo o en una memoria USB, envío a un correo electrónico, etc.

Organizar el buzón de entrada del correo electrónico

De nuevo, agradecerás una organización temática, establecida en sintonía con tus archivos informáticos y tus expedientes físicos.

Antes de archivar tus correos electrónicos, infórmate acerca del procedimiento de recuperación de estos documentos. ¿Dependes de una persona o de un departamento para acceder a estos archivos? ¿Cuál es el plazo de recuperación de los correos electrónicos? ¿Son accesibles en caso de deslocalización? Todas estas preguntas son importantes en caso de urgencia o de conflicto.

Cuando redactes un correo electrónico, intenta escribir en el asunto un título corto y pertinente, ya que esta información permitirá que tanto tú como el/los destinatario/s lo encontréis rápidamente si fuera necesario. Si tienes que tratar varios asuntos con un mismo destinatario, redacta un mensaje por objeto: es la mejor manera de que se analicen todas las cuestiones en un plazo óptimo. A menudo, el destinatario ahorra tiempo con este método, sobre todo si se trata de un jefe de departamento que tiene que delegar múltiples tareas a distintas personas de su equipo. En ese caso, no tiene más que reenviar todos tus correos electrónicos a las personas en cuestión.

Crea una firma automática completa: Apellido/Nombre/Departamento – Título/Dirección/Número de teléfono/Correo electrónico. Aumentarás la probabilidad de que te respondan rápido si pueden identificarte y contactar contigo fácilmente. Además, si tienen que contestar a tu mensaje, indica en la medida de lo posible la fecha en la que deseas recibir esa respuesta, previendo un pequeño margen a tu favor.

Prepara un aviso de ausencia en el que solo deberás actualizar las fechas de tus vacaciones. Te ayudará a ahorrar un tiempo valioso el día que te vayas. Cuando vuelvas de vacaciones, abre tus correos electrónicos del más reciente al más antiguo, y no a la inversa. A las personas que esperan una respuesta desde hace diez días tampoco les cambiará demasiado esperar un día más. Con respecto a los correos electrónicos recientes, pueden ser recordatorios, en cuyo caso es el momento de actuar; puede ser información adicional o cambio de directivas, por lo que resulta inútil perder tiempo con los envíos anteriores; o pueden ser solicitudes recientes y, de esta manera, habrás respondido rápidamente.

Para acabar, el último consejo que podríamos darte es que aprendas a desconectar de tu bandeja de entrada. Activar las notificaciones para que tu ordenador te avise cada vez que te llega un nuevo correo electrónico está lejos de ser la mejor manera de ser eficaz. Por supuesto, es importante que consultes tus mensajes con frecuencia, cada hora o cada dos horas; pero aparcar cualquier actividad en curso en cuanto recibes un correo electrónico resulta contraproducente. Es fundamental que vuelvas a aprender a concentrarte exclusivamente en una actividad, abstrayéndote del entorno durante un tiempo relativamente largo (25-30 minutos como mínimo). Es la mejor manera de que realmente te sumerjas en tu trabajo, de que te concentres, de que desarrolles ideas y de que construyas una reflexión de calidad.

Cumplir con la agenda

De nuevo, anotar tus reuniones, comidas, seminarios y demás citas en tu agenda te permitirá despejar la mente y evitar que olvides la mitad de tus compromisos. La agenda también es una herramienta que sirve para evaluar el tiempo que pasamos haciendo cada cosa. Si queremos incrementar la productividad, a menudo podemos extraer información al volver a leerla.

Algunos toman la informática como modelo para gestionar sus horarios, mientras que otros no se separarán de su agenda de papel por nada del mundo. Cada uno debe elegir aquello que prefiera, siempre y cuando el soporte se adapte a sus necesidades. Por el contrario, independientemente de si tu agenda es electrónica o de papel, deberás seguir algunas sencillas reglas si quieres optimizar su uso.

- Como sabes, una reunión tiene una hora de inicio, pero anunciar una hora de finalización y un orden del día es una manera de evitar muchas contrariedades.
- Tanto si se trata de una cita profesional o de una personal, anota un número de teléfono junto al nombre de la persona con la que te vas a reunir. Si esta no aparece al cabo de 15 minutos, te aliviará saber que puedes llamarla; de la misma manera, tendrás el número de contacto a mano si un imprevisto te retrasa. Escribe igualmente la dirección de vuestro punto de encuentro en la franja horaria de la cita: esto evitará las búsquedas a última hora en caso de que debas salir de manera precipitada.

ESTRUCTURAR LA CASA PARA OPTIMIZAR EL TRABAJO

Cuando tu espacio profesional esté ordenado, te resultará cada vez más difícil soportar el desorden en tu casa. Y, además, te vas a dar cuenta rápidamente de que esta desorganización de tu casa y de tu vida personal te hace perder mucho tiempo en la oficina. ¿Cuántas veces has llegado el último a tu reunión de las 8:00 porque en casa, por la mañana, nada va bien? Tienes que pagar una factura urgentemente, debes planchar una camisa antes de salir o te pasas quince minutos buscando el abrigo del benjamín en el montón de ropa sucia antes de encontrarlo... ya está, vas con retraso y con presión incluso antes de haber empezado tu jornada de trabajo.

Algunas normas

¡Por las mañanas, cada segundo es importante! Una organización muy rodada permite llegar no demasiado tarde a la oficina y, por lo tanto, avanzar en los expedientes profesionales tranquilamente antes de que empiecen a llegar los compañeros y del desfile constante en los pasillos.

Para ello, es necesario efectuar algunos preparativos la

noche antes: preparar la ropa para el día siguiente, dejar la mesa puesta para el desayuno y preparar las mochilas.

Ordenar la casa siguiendo una lógica no solo permite que ahorremos tiempo en el día a día, sino también que deleguemos mejor, y esto es importante si debemos confiar nuestra casa a un tercero para que la limpie o para que cuide a nuestros hijos. Cuando todos los «añadidos» (cuidado de la casa, la administración, los niños, …) están bajo control, podemos dedicarnos a una sola tarea y, por lo tanto, podemos ser productivos para concluir el expediente en curso, para organizar una reunión de equipo o para concentrarnos de lleno en nuestra entrevista anual.

<u>PEQUEÑO PLUS</u>

En términos generales, organiza tu casa para evitar al máximo las idas y vueltas. Por ejemplo, para no tener que volver a subir al segundo piso para lavarte los dientes tras el desayuno que has tomado en la planta baja, deja un juego de cepillo(s) de dientes y dentífrico al lado del fregadero.

Establece periodicidades más o menos frecuentes en función de las tareas para cumplir con la burocracia, acabar de planchar, poner lavadoras y lavavajillas, elaborar los menús y hacer la compra. Es cierto que esto lleva a una cierta rutina, pero esta regularidad te permitirá sacar más tiempo y despejar la mente para ser más eficaz. Abre tu correo todos los días y, al igual que con tu escritorio, compra un clasificador con el que puedas separar los documentos que tengas que clasificar y los que debas resolver mientras llega el día que hayas elegido para cumplir con la burocracia. Recuerda que tienes una papelera para deshacerte en seguida de la publicidad, de los folletos y de los demás volantes que invaden tu buzón y que se amontonan en tu recibidor.

Implicar a los niños

Conciliar vida profesional y vida familiar con armonía es el sueño de un buen número de padres. Es cierto que la presencia de los niños, sobre todo cuando son jóvenes, exige mucho tiempo, y esto requiere una organización particularmente bien engrasada para seguir asumiendo plenamente nuestras funciones profesionales.

Sin embargo, frente a este desafío, tu mejor aliado es, precisamente, tu adorable querubín. Si te tomas tu tiempo para convertirlo en un ser autónomo y para adoptar unas sencillas reglas, un niño, incluso muy joven (¡a partir de tres años!), es capaz de hacer muchas cosas solo, como ordenar su cuarto, hacer la cama, vestirse solo, quitar su plato y sus cubiertos, etc. Para ayudarlo a ello, pon a su disposición bolsas de almacenaje, opta por el edredón en vez de la manta, prepara su ropa la noche anterior, pero, sobre todo, acepta que ocurrirán pequeños percances de vez en cuando. Si tu hijo participa en el orden y en la organización de su entorno, quiere decir que tú tendrás menos cosas que hacer, pero también que estará adoptando costumbres esenciales para el equilibrio de la familia. Llegarás mucho menos estresado y mucho menos desgastado a la oficina si te vas de una casa ordenada y si ese orden es el resultado de la implicación de todos.

MANTENER LA ORGANIZACIÓN

Ahora que has hecho una selección exhaustiva y que tus espacios vitales se encuentran perfectamente organizados, ¡el desafío es que mantengas el rumbo! Hacer un poco cada día es la solución correcta. Es necesario que el equilibrio y el orden se conviertan en un acto reflejo, en un estado de ánimo, para que te des cuenta de hasta qué punto se trata de un círculo virtuoso.

En definitiva, vete ordenando poco a poco para que el caos no vuelva a instalarse nunca más en tu vida. Cuando crees un archivo, clasifícalo inmediatamente en la carpeta correcta; cuando recibas un correo electrónico que no te compete, transfiérelo al instante; guarda tu grapadora en cuanto hayas acabado de utilizarla; tira los sobres usados en cuanto abras el correo, etc. Si adoptas todas estas pequeñas costumbres, no tendrás que pasar cinco o diez minutos para dejar un espacio vacío antes de salir de la oficina. Y, además, ordena periódicamente algún rincón por completo: lleva a cabo una selección en tu portalápices, efectúa el inventario de tus famosos espacios de almacenamiento intermediarios…

Por último, recuerda que debes volver a preguntarte regularmente acerca de la pertinencia de tu organización. Tus necesidades y tus expectativas evolucionan y tienes que adaptar tu sistema de orden a estos cambios. Bernard Calvet (hombre de negocios francés, nacido en 1935) decía: «Incluso la organización más perfecta necesita evolucionar cada diez años»[1]. Así que no te preocupes, tienes tiempo para prepararte.

LOS MEJORES CONSEJOS

- Deja de procrastinar. ¡Actúa! En algún momento vas a tener que ponerte a ordenar. Mañana encontrarás otra excusa para no hacerlo, así que mejor llevarlo a cabo ya mismo.
- Elabora listas de tareas. El hecho de dejarlo por escrito te ayudará a definir tus objetivos, a darles un orden de importancia y a concretarlos. A la vez, se trata de una forma de entrar en acción y de despejar la mente. ¡Y qué bien sienta tachar un elemento de esa lista!
- Analiza tus necesidades y tus limitaciones para fijar reglas realistas. Implementar una organización eficaz supone cuestionarse a uno mismo y reflexionar acerca de lo que no funciona con el esquema actual. A partir de esta observación, encontrarás soluciones de almacenamiento satisfactorias y productivas.
- Imagina tu espacio de tal manera que limites los desplazamientos. Esta regla sirve tanto para la oficina como para casa. Se trata de facilitar el acceso a aquello que uses con frecuencia. Por lo tanto, conserva lo más útil al alcance de la mano.
- Encuentra una organización pertinente para poder delegar fácilmente. Para enfrentarte a una sobrecarga de trabajo o a una ausencia temporal, podrías necesitar delegar tareas en una persona ajena al departamento. Para facilitar su llegada, pero también tu vuelta, y mantener una calidad de trabajo satisfactoria, es fundamental que esta nueva incorporación pueda entender tu organización sin demasiada dificultad.

- Abre tu correo según vaya llegando. Tira lo que no te sirva, transfiere el correo equivocado y analiza en seguida o almacena de manera temporal la correspondencia que requiere una acción de tu parte. Clasifica periódicamente los documentos tratados.
- Instaura planes de trabajo para organizar las actividades que se repiten con frecuencia: reunión de equipo los jueves de la segunda y cuarta semana del mes; inventario semanal de mi cartera profesional el viernes por la tarde y de mi cartera personal el viernes por la noche; comida el primer lunes del mes con mis homólogos de otros departamentos, etc.
- Concéntrate en una sola actividad durante un tiempo determinado. Para ello, cierra la puerta, no prestes atención a tu correo electrónico y desvía las llamadas al buzón de voz.

- Aprende a prever. Empieza por no dejar para mañana lo que puedas hacer hoy. Después, esfuérzate por ir avanzando. Si sabes que dentro de quince días habrá un pico de trabajo en la oficina, arréglatelas para tener el menor número de tareas en casa en ese momento. Si corres el riesgo de que te soliciten durante la próxima visita del nuevo jefe, asegúrate a partir de ese momento de que tus archivos están ordenados y de que tus herramientas de trabajo pueden explotarse de manera inmediata.
- Mantén el orden de manera progresiva. Para ello, no hay nada mejor que dedicarle unos minutos cada día.

PREGUNTAS FRECUENTES

¿ES UNA PÉRDIDA DE TIEMPO ORGANIZARSE?

¡No, no y no! ¡Es una inversión! Efectivamente, organizarse exige bastante tiempo previo: debemos cuestionarnos a nosotros mismos, preguntarnos acerca de lo que no funciona, analizar nuestras necesidades y nuestras prioridades, y elaborar una lista de acciones que tenemos que llevar a cabo para lograr una organización realista, inteligente y eficaz. Sin embargo, a partir de este momento, vas a empezar a ahorrar un tiempo inimaginable.

¿POR QUÉ EL ORDEN PERMITE AUMENTAR LA PRODUCTIVIDAD?

Cuando organizamos nuestro espacio, en realidad, estamos ordenando a dos niveles. Primero, el físico: cuando guardamos nuestras cosas, sabemos dónde se encuentran, por lo que ya no perdemos tiempo buscándolas. Pero, sobre todo, cuando ordenamos, estamos elaborando un inventario, evaluamos, conceptualizamos, y este análisis nos permite estructurar mejor nuestra mente y, por lo tanto, aumentar la concentración y la eficacia.

¿CUÁNDO ES UN BUEN MOMENTO PARA PONERSE A ELLO?

¡Ya mismo! Hablando en serio, no sirve de nada querer iniciar una gran limpieza o una selección enorme si estás precisamente en mitad del periodo más cargado del año. Tal y como indicábamos más arriba, guardar, ordenar y estructurar exige unas cuantas horas al principio. Hay que ponerse a ello cuando estamos motivados y cuando estamos dispuestos a dedicarle un poco de tiempo y de energía.

¿QUÉ HAGO SI EL ORDEN VIENE IMPUESTO POR UN ACONTECIMIENTO/FACTOR EXTERNO?

A veces, una mudanza, la marcha de un compañero o la llegada de un primer hijo nos obliga a poner orden. Quizás, lo primero es acoger esta limitación como una magnífica oportunidad. La segunda etapa consiste en establecer un *retroplanning* para que tu nueva organización esté operativa el día de la mudanza, de la reducción efectiva de tu equipo o del inicio de tu baja por maternidad. Un último consejo: empieza por reorganizar los espacios que utilizas más a menudo, esto te motivará para continuar.

¿CÓMO ESTRUCTURO MIS LISTAS DE TAREAS?

Puedes proceder de dos maneras distintas:

• elaborar una lista con las acciones que debes llevar a

cabo en función de su prioridad, ligada a su vez a la importancia de las tareas y a su nivel de urgencia;

* cuando no tienes especial prisa y las tareas tienen el mismo nivel de importancia, tú decides: para algunos, el mejor método es elaborar una lista y tratar los elementos empezando por aquellos que les aburren más. Así, actúan de forma mucho más eficaz, ya que tienen prisa por pasar a una actividad más emocionante. Sin contar que dejar atrás una tarea tediosa libera la mente para concentrarnos en otra cosa. Para otros, por el contrario, resultará más eficaz empezar por una tarea motivadora para calentar, pero dedicar a continuación un tiempo a, por lo menos, una tarea aburrida al día.

¿IMPORTANTE O URGENTE?

Cuando tienes que tratar un expediente a largo plazo, es fundamental que reflexiones acerca de cómo estructurarás y organizarás tu trabajo: cuáles son las expectativas en este proyecto, cómo actuar para elaborar el pliego de condiciones, cuáles son las personas a las que incumbe, qué reuniones organizar, etc. El objetivo es llegar a establecer un *retroplanning*, es decir, listas con subtareas que deben efectuarse en plazos fijos para, al final, presentar un trabajo satisfactorio en el tiempo asignado. Aunque estas subtareas no son urgentes, son muy importantes para todo el proyecto y, por lo tanto, deben situarse en una buena posición en tus listas de tareas.

¿QUÉ ES UNA BUENA ORGANIZACIÓN?

Para que una organización sea productiva, tanto en la oficina como en casa, debe responder a tus necesidades actuales, ser llevadera a largo plazo (lo que no impide que pueda evolucionar) y obedecer a una lógica que sea comprensible para los demás (para facilitar la delegación).

¿ORDENAR IMPLICA TIRAR?

¡Sí! Ordenar supone despejar para no contentarse con ir moviendo el desorden. Seguro que tienes en tus cajones material inutilizable o expedientes antiguos, y probablemente tu ordenador está repleto de herramientas informáticas obsoletas y de archivos duplicados. En cuanto a tu buzón de entrada, seguro que contiene correos electrónicos enviados por algunos compañeros, pero que no guardan relación con el ámbito profesional. ¡Tirar es un acto liberador!

¿CUÁLES SON LOS MATERIALES MÁS EFICACES PARA OPTIMIZAR EL ORDEN?

Por supuesto, tendrás que analizar qué necesitas, pero lo ideal es mantener la sencillez. Las carpetas con solapas con cintas o elásticos y las subcarpetas son herramientas eficaces para ordenar tus papeles. En tu escritorio, la famosa carpeta compartimentada (o clasificador) vertical constituye un espacio de almacenamiento temporal muy adecuado.

¡AHORA ES TU TURNO!

PLAN DE ATAQUE PARA TERMINAR CON EL DESORDEN EN TU ESCRITORIO

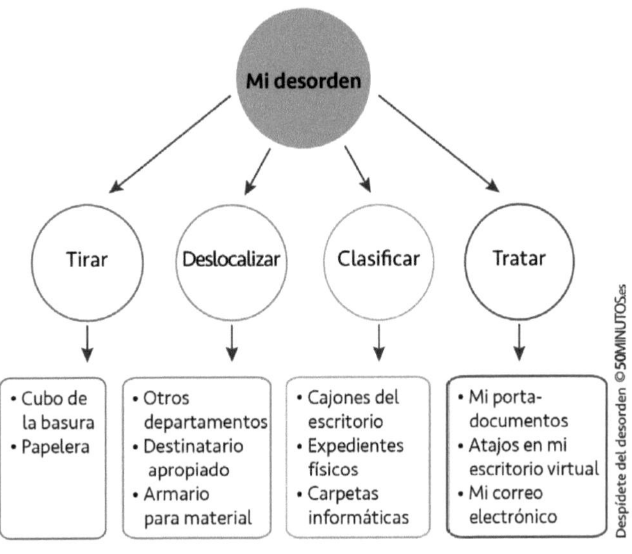

PLAN DE ATAQUE PARA MANTENER EL RUMBO (A MODO DE EJEMPLO)

Planificación diaria

Elabora una tabla que recoja, para cada día del mes, las acciones que debes llevar a cabo para mantener tu espacio ordenado. Y cada día, tacha la casilla correspondiente en cuanto hayas efectuado alguna de estas acciones.

	Ordenar mi escritorio físico	Ordenar mi escritorio virtual	Comprobar mi buzón de entrada	Abrir mi correo	Visualizar mi agenda para el día siguiente
1					
2					
3					
4					
5					
6					
7					
8					
9					
10					
11					
12					
13					
14					

	Ordenar mi escritorio físico	Ordenar mi escritorio virtual	Comprobar mi buzón de entrada	Abrir mi correo	Visualizar mi agenda para el día siguiente
15					
16					
17					
18					
19					
20					
21					
22					
23					
24					
25					
26					
27					
28					
29					
30					
31					

Planificación semanal

Para completar tu planificación diaria, elabora igualmente una pequeña tabla para las acciones de fondo que requieren un poco más de tiempo y que debes llevar a cabo periódicamente, pero no a diario (una vez por semana, una vez al mes, etc.).

	Lunes	Martes	Miércoles	Jueves	Viernes
Comprobar el contenido de mi espacio de almacenamiento temporal					
Dedicar treinta minutos a trabajo de fondo: limpieza de archivos, mejora de herramientas informáticas, creación de modelos de documentos.					
Ordenar un pequeño espacio de arriba abajo.					

¡Tu opinión nos interesa!
¡Deja un comentario en la página web de tu librería en línea,
y comparte tus favoritos en las redes sociales!

PARA IR MÁS ALLÁ

FUENTES BIBLIOGRÁFICAS

- Arce, Charlotte. 2015. "Rangement de bureau: 5 conseils (vraiment utiles) de Marie Kondo". *Terrafemina*. 24 de marzo. Consultado el 29 de marzo de 2017. http://www.terrafemina.com/article/rangement-de-bureau-5-conseils-vraiment-utiles-de-marie-kondo_a266832/1
- Bureau, Nathalie. 2008. *L'art de l'organisation*. Quebec: Broquet.
- Roland, Olivier. 2008. "3 étapes pour un bureau clair en permanence". *Habitudes Zen*. 10 de septiembre. Consultado el 29 de marzo de 2017. https://habitudes-zen.net/2008/3-tapes-pour-un-bureau-clair-en-permanence/

FUENTES COMPLEMENTARIAS

- Kondo, Marie. 2015. *La magie du rangement*. París: First Éditions.
- Loreau, Dominique. 2013. *L'art des listes*. París: Marabout.

www.en50Minutos.es

ISBN ebook: 9782806296504

ISBN papel: 9782806296511

Depósito legal: D/2017/12603/217

Libro realizado por <u>Primento</u>, *el socio digital de los editores*